27

Ln 12232.

par le P. Jean Alet

UNE

MORT CONSOLANTE

ou

NOTICE

SUR JULES-MARIE LE MINTIER DE LÉHÉLEC,

ÉLÈVE DU COLLÉGE SAINT-FRANÇOIS-XAVIER,
A VANNES,

DÉCÉDÉ A L'AGE DE DIX-HUIT ANS,

Le 22 décembre 1853.

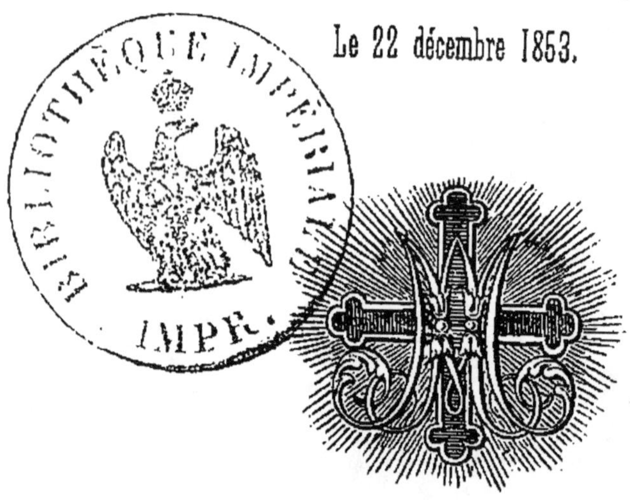

NANTES,

IMPRIMERIE CHARPENTIER, RUE DE LA FOSSE, 32.

—

1854.

LECTEUR,

Vous ne trouverez dans cet écrit rien d'éclatant : tout y sera simple comme la vie du pieux enfant qu'on vous présente. Mais l'humble violette, aussi bien que les fleurs plus brillantes, porte le cachet de la main divine. On ose vous le promettre, ce récit, si vous l'écoutez avec une âme désireuse de la vertu, vous sera plus utile, peut-être même plus agréable, que bien des pages remplies d'événements considérables.

Un écrivain du siècle dernier, qui étouffa en son âme les dons de la nature sous la corruption et l'orgueil, estimait admirable la rencontre d'un jeune homme, demeuré pur jusqu'à l'âge de dix-huit ans. Vous trouverez ici un plus beau phénomène. Outre la naïveté de l'enfance, conservée jusque dans une jeunesse avancée, vous verrez dans Jules les vertus solides d'un cœur droit et bon, la constante application au devoir malgré les difficultés toujours présentes, surtout la patience inaltérable au milieu des douleurs d'une longue maladie, le regard élevé avec calme et assurance vers le ciel comme vers la patrie véritable, le sourire d'un mourant qui saluait la mort comme un ange envoyé pour l'introduire dans sa demeure permanente, des adieux pleinement résignés dans l'espoir de retrouver, au sein de la famille céleste, les amis et les parents qu'il laissait ici-bas. Ces dispositions sont-elles le fruit d'une volonté tout humaine ? Non, lecteur ! une vertu divine, l'influence forte et douce de la grâce était descendue sur cet être si

faible naturellement, et l'avait transformé.
Vous le reconnaîtrez, et vous aussi vous
irez, par la prière et la fervente pratique
de la Religion, puiser aux mêmes sources
la même grandeur d'âme.

Les faits qui vont être mis sous vos yeux,
possèdent toutes les garanties de certitude.
A nos observations personnelles nous avons
joint d'irrécusables témoignages. Nous écri-
vons d'après les notes des maîtres de Jules,
de ses condisciples presque toujours si
clairvoyants sur le mérite réel, du médecin
qui donna des soins dévoués à sa dernière
maladie, et enfin de sa mère. Celles-ci, qui
sembleraient plus exposées que les autres
aux illusions de la tendresse, nous sont
adressées avec un mot qui en assure l'im-
partialité : « J'ai mis, dit Mme Le Mintier,
» mon titre de mère de côté et ai voulu ra-
» conter les faits avec l'exactitude la plus
» vraie. » En effet, en comparant ce docu-

ment avec les autres, on s'est convaincu qu'il est dégagé de toute faiblesse maternelle.

Nous l'avouons naïvement, l'ensemble des traits révélés par ces documents a modifié notre opinion au sujet de Jules, au point d'être nous-même étonné de l'avoir si peu connu. Mais il a bien fallu se rendre au témoignage des faits. Parmi les personnes qui vécurent avec ce cher enfant, plusieurs, après n'avoir aperçu en lui qu'une âme douée de qualités excellentes, mais ordinaires, devront comme nous à un examen plus attentif d'y reconnaître les dons privilégiés de la grâce.

Jules-Marie Le Mintier de Léhélec naquit au château de Limoges, près Vannes, le 12 juin 1835. Par une singulière coïncidence, c'est ce jour-là même que, dans un grand nombre de colléges de l'ancien et du nouveau monde, les élèves commencent chaque année une neuvaine préparatoire à la fête de saint Louis de Gonzague, l'aimable patron de la jeunesse chrétienne. Ce n'est pas non plus, sans une vue particulière de la divine bonté, que le nouveau-né reçut au baptême le nom de la Reine des Anges : il sera toute sa vie son enfant dévoué.

L'amabilité qui brillait sur son visage, de bonne heure parut être l'expression de la pureté d'âme qu'il conserva toujours. Ses grâces enfantines dissipèrent aussitôt un nuage de tristesse qui menaça d'obscurcir l'aurore de sa vie. Ses parents avaient toujours ardemment désiré la naissance d'une fille, et il arrivait, sixième frère de cinq garçons qui l'avaient consécutivement précédé. On fut donc un peu contrarié ; mais, quelques instants après qu'il eut vu le jour, présenté à sa mère, il fit oublier par ses charmes ce désappointement passager. Elle avait à peine considéré cette angélique figure, que désavouant tout sentiment pénible : « Cher enfant, dit-elle, » après t'avoir vu, je ne saurais regretter » de te posséder. »

Mais que seraient les agréments extérieurs sans la beauté de l'âme ? Un masque perfide. Mille fois mieux vaudrait un extérieur rebutant, pourvu que cette rude écorce recélât la solidité des qualités morales. Aussi, lorsque plus tard, surtout dans sa dernière maladie, il laissa éclater les belles vertus dont le Seigneur avait orné son âme, tous ceux qui l'approchèrent ne purent s'empêcher de l'aimer.

I.

PREMIÈRE ENFANCE. — MAISON PATERNELLE.

A vrai dire, la vie du chrétien commence à son baptême. Les parents de Jules n'eurent pas l'imprudence, je dirais volontiers la cruauté, de lui faire attendre longtemps la vie surnaturelle. Ils appréciaient trop bien l'ineffable honneur de l'adoption divine, pour écouter les prétextes de retard, trop communs en cette grave circonstance.

Le nouvel enfant de Dieu fut entouré de sollicitude et de vénération. La continuité

1*

des soins les plus tendres et les plus vigilants précéda et soutint ses premiers pas. On éloigna constamment de ses oreilles et de ses yeux tout ce qui eût pu porter atteinte à son innocence. Jamais il n'entendit aucun propos qui fût de nature à blesser la pudeur et la piété les plus délicates.

Dès que sa langue put articuler quelques mots, on lui apprit à nommer les trois personnes de l'adorable Trinité, et à marquer son front du signe de Jésus crucifié : c'est l'abrégé de la Religion. Il y a donc tout lieu de penser qu'il consacra, comme devrait le faire toute créature humaine, le premier usage de sa raison et de sa volonté à produire des actes de foi, d'espérance et d'amour. On ne tarda pas à lui apprendre la prière que le Fils de Dieu nous a lui-même enseignée ; et il prononça les noms de Jésus et de Marie, en même temps que ceux de son père et de sa mère. On grava ensuite dans sa mémoire la Salutation Angélique. Ce fut pour son cœur un travail bien doux d'apprendre à invoquer son auguste Patronne par une prière que l'Esprit de Dieu même nous a dictée.

Il s'accoutuma de bonne heure à l'appeler sa *bonne Mère*, et ne cessa jamais d'avoir pour elle une dévotion vraiment filiale. La pensée de Marie ne l'accompagnait pas seulement dans ses prières : elle donnait à ses jeux mêmes une teinte religieuse, et y répandait un charme tout céleste.

Le château de ses parents, par une faveur spéciale du Saint-Siége et de Monseigneur l'Évêque de Vannes, possède une chapelle où le Saint Sacrifice est offert presque tous les jours, et le divin Sauveur constamment gardé sous les voiles eucharistiques. Jules voulut que Marie eût aussi son oratoire particulier.

On décora, pour cette pieuse destination,

un petit appartement au rez-de-chaussée. L'une de ses joies les plus pures était de le montrer aux visiteurs, à qui il voulait donner une marque particulière d'affection. A l'âge de quatorze ans, c'était encore pour lui un vrai bonheur. Celui qui écrit ces lignes reçut de lui, en ce temps-là, cette faveur ; et il fut témoin de la ferveur avec laquelle l'enfant, avant de quitter l'autel de Marie, avait soin de lui adresser une prière.

Dès l'âge de six à sept ans, on lui avait donné, pour satisfaire ses goûts, une sorte d'ornements sacerdotaux, proportionnés à sa taille. Il avait une bannière, un encensoir. Rien ne manquait à ce culte de l'enfance, qui, sans avoir la gravité des cérémonies ecclésiastiques, devait, par son extrême candeur et ses aspirations naïves, être agréable à la Reine des âmes pures.

Dans les belles soirées d'été, ses frères se réunissaient à lui ; et tous ensemble ils se rendaient, en procession, du petit oratoire de Marie, jusqu'à une de ses statues qui se trouvait à l'extrémité opposée du jardin. Ils l'apercevaient de loin et la saluaient sur son estrade, d'où elle dominait plusieurs rangées de gradins, chargés de vases à fleurs. Dans tout le parcours, les jeunes pélerins chantaient les litanies de la Sainte Vierge, et au retour l'encens fumait au pied de son autel. Ainsi s'élevait vers son trône céleste le tendre hommage de ces cœurs.

Ici, comme partout, la piété était un sentiment fécond. Elle produisait des fruits solides et d'autant plus précieux, qu'ils étaient plus précoces. Dans ses infirmités d'enfance, on était assuré d'obtenir de lui patience et résignation, en l'y invitant au nom de Marie. Cet aimable nom ne manquait jamais d'éveiller au fond de son âme les échos de toutes les vertus, dont le Seigneur y avait déposé le germe.

Il serait inexact, nous devons le dire, de représenter Jules comme exempt de défauts. Il était tantôt léger, tantôt impétueux, parfois un peu opiniâtre. Mais ces défauts, généralement inséparables de cet âge, n'allaient jamais chez lui jusqu'aux vices. Surtout ils présentaient ce caractère particulier de céder toujours aux motifs de la piété chrétienne. Nous en avons pour garant un témoin oculaire : « Faisait-il quelque chose » de répréhensible, écrit Mme Le Mintier, » il suffisait de lui dire : Jules, ne faites » pas cela, la *bonne Mère* n'est pas con- » tente. » Il rentrait aussitôt dans l'ordre.

Il faut rapporter à la même source les manifestations de sa naturelle bonté d'âme, qui, animées des principes de la foi, devenaient œuvres de charité. Les serviteurs, les fermiers, tous les inférieurs se louaient de ses manières affables. Ils parlaient avec affection *du bon petit Monsieur Jules;* et leurs sincères regrets, leurs larmes, à sa mort, témoigneront qu'ils avaient su l'apprécier.

Mais c'est surtout envers les pauvres que se montrait sa bienveillance. Tout jeune, il aimait à leur porter du pain ; il revenait tout joyeux, en répétant : « Le pauvre » bonhomme ! il m'a dit : Dieu vous bé- » nisse, mon enfant ! » L'aumône distribuée de si bon cœur, par cet aimable enfant, en doublait le prix aux yeux du pauvre, qui est toujours sensible à l'aumône du cœur. Devenu plus grand, notre Jules prélèvera lui-même sur ses menus plaisirs le tribut de la charité. Cette nouvelle expansion de sa bonté naturelle sera l'un des fruits de son éducation, dont il est temps de parler.

II.

LE COLLÉGE.

Jules avait onze ans lorsque, au mois d'octobre 1846, il entra au collége de *Saint-Sauveur* de Redon, dont il fut élève jusqu'au mois d'août 1851. C'est dans cette excellente maison qu'il eut le bonheur de faire sa première communion.

Il s'était préparé, dès la maison paternelle, à cette grande action, par les pieux exercices qu'il y avait vu pratiquer envers la divine Eucharistie. Il s'était accoutumé de bonne heure à vénérer, à visiter, à prier avec effusion le Seigneur Jésus, devenu, par une bonté particulière, le voisin de son berceau, le spectateur bienveillant des essais de sa piété naissante.

C'est assez dire que le jour où il put recevoir ce bon Maître, fut à ses yeux l'un des plus beaux et des plus graves de la vie. Des témoins oculaires se souviennent encore avoir été saisis de l'air profondément pénétré avec lequel il reçut le pain des Anges, du recueillement intime qui parut l'absorber dans l'action de grâces, de l'impression de joie calme et céleste qu'il répandait autour de lui pendant cette heureuse journée.

A partir de cette époque, sa piété se fit remarquer de plus en plus. Nous en trouvons la preuve dans un fait qui, pour l'élève chrétien, est un événement : il fut reçu dans la Congrégation des Saints Anges.

Plus tard, il demanda avec instance à être admis dans celle de la Sainte Vierge. Il n'avait plus qu'un pas à faire pour être au comble de ses vœux : il était déjà *approbaniste*. C'est ainsi qu'on appelle les enfants admis, par les suffrages de leurs pieux associés, aux assemblées de la Congrégation, avec l'espérance d'y être bientôt incorporés. Mais la divine Providence avait décidé que Jules irait demander ce bonheur aux Pères de la Compagnie de Jésus. C'est par l'initiative d'un religieux de cet ordre, en 1563, au sein du collége romain récemment fondé, que prit naissance la première de ces associations, destinées à provoquer et à sanctifier l'émulation des enfants pour la piété, les études et la charité chrétienne. Les fruits admirables qu'elles produisirent et les magnifiques encouragements du Saint-Siége ne tardèrent pas à les faire adopter dans toutes les institutions où l'on donne à l'éducation sa véritable base, la religion, la piété.

Grâces à l'initiative d'un grand nombre de pères de famille, un collége venait de s'ouvrir à Vannes, sous l'invocation de Saint-François-Xavier. L'expérience d'une première année avait donné de sûres garanties aux espérances et à la générosité des catholiques qui avaient conçu et soutenu ce dessein. Les parents de Jules désirant le garder plus près d'eux, résolurent de le placer dans cet établissement. C'est à la seconde ouverture des classes, au mois d'octobre 1851, qu'il y entra comme élève de quatrième et pensionnaire.

Le cœur de notre enfant, incapable d'ingratitude, n'oublia pas les soins de ses premiers maîtres; mais d'un autre côté, il se déclarait heureux de s'abandonner à la direction de ses nouveaux guides. Depuis longtemps il les connaissait et avait pour eux une affection sincère. Ce sentiment, qui alla depuis toujours croissant, était bien connu de ses condisciples, et l'un d'eux écrivait quelque temps après sa mort : « Jules aimait beaucoup tous les Pères, surtout le Père Recteur, le Père Préfet et son Père Professeur. »

L'un des premiers désirs qu'il leur manifesta fut d'entrer dans cette Congrégation de la Sainte Vierge, dont il avait ailleurs franchi les premiers degrés. Mais on lui fit comprendre qu'un congréganiste doit faire honneur à la piété par des succès dans les études, ou du moins par une application soutenue : le travail est un des principaux devoirs de l'élève chrétien ; et la piété solide suppose, doit animer de plus en plus la volonté ferme de remplir tous les devoirs. Assurément ce motif d'application à l'étude, pour les caractères droits et généreux, n'est pas le moins efficace. Jules a confidemment avoué plusieurs fois que c'était pour lui le plus pressant.

Ici nous devons à la vérité de dire qu'il n'avait pas de succès. L'application continue le fatiguait très-vite, et la fatigue lui rendait le travail impossible. Mais nous devons aussi ajouter, à sa louange, que cet obstacle ne lassait point sa bonne volonté. Il appartenait à une classe assez nombreuse de jeunes gens que le dévouement religieux considère et cultive avec un soin d'autant plus assidu, qu'ils offrent moins de consolations présentes aux labeurs du professorat. Eh ! vraiment, ne méritent-ils pas d'être encouragés dans la rude épreuve d'une lutte longue et continuellement soutenue malgré des échecs continuels? Les soins qu'on leur prodigue ne seront point perdus. Bien que privés des couronnes scolaires, ces jeunes gens, s'ils persévèrent dans leur application, se rendront dans leur âge mûr très-utiles à la religion et à la patrie, par une volonté généreuse, fortement trempée et dirigée par un jugement droit. Les succès éphémères du collége, s'ils étaient seuls, ne vaudraient pas, à beaucoup près, autant que ces qualités précieuses : ils pourraient même facilement devenir un danger.

Cette perspective était pour Jules, aux yeux de ses maîtres, un titre à l'indulgence, quand, après des efforts bien constatés, il leur présentait des devoirs défectueux ou incomplets. Il arriva pourtant quelquefois, avant d'avoir pu se convaincre de sa parfaite bonne volonté, que l'on crut devoir lui infliger des punitions. Notre cher enfant, qui savait bien distinguer dans cette mesure sévère le cœur qui l'avait dictée, la souffrait et l'exécutait sans murmure. Il était surtout bien loin de laisser pénétrer dans son âme, à l'endroit du maître rigoureux, je ne dis pas de la rancune, mais la moindre froideur.

C'est ici un des aspects les plus intéressants de son portrait : « On remarqua » toujours en lui, disent des notes de » famille, un caractère prévenant et une » simplicité des plus naïves. Jamais de » rancune ni d'humeur, même à l'égard » des personnes qui le reprenaient ou le » punissaient. » Ce beau témoignage rendu à ses premières années, se retrouve presque sous les mêmes termes, dans les notes d'un de ses maîtres, qui l'a surveillé longtemps avec attention : « A dix-huit ans, » écrit-il, Jules avait la simplicité, il faut » même dire, toute la candeur du premier » âge. S'il lui échappait un mouvement » d'impatience, cinq minutes après il s'en » repentait, et témoignait d'une manière » expansive sa reconnaissance pour les » soins dont il était entouré. »

La volonté ! le caractère ! Sous ce rapport on pourrait employer pour le peindre les couleurs les plus exquises, sans craindre d'être inexact. Recueillons seulement quelques traits. On le comprend, le peu de succès est pour les volontés qui manquent de générosité ou de rectitude, une dangereuse tentation de dégoût. Jules, lui, était profondément attaché aux études et au collége. Il n'en parlait jamais qu'avec amour. Les séances publiques, toutes les fêtes scolaires l'intéressaient comme s'il eût dû y jouer un rôle brillant. Si quelques exercices, quelques usages du pensionnat lui étaient difficiles, il ne négligeait rien pour s'y façonner et s'y rompre. Deux mois après sa mort, ses chers parents, revoyant pour la première fois le collége Saint-François-Xavier, s'attendrissaient encore au souvenir des récits touchants, je pourrais dire, enthousiastes, qu'il leur avait souvent faits de son bonheur.

Son affection pour ses camarades était

bien connue, et ils le payaient de retour. « Il
» était généralement aimé, dit l'un d'eux.
» Il le méritait bien. J'ai remarqué qu'il
» était bon, et *bon pour tous*. J'appuie sur
» ce dernier mot, qui, à mon avis, mérite
» considération. Pour ma part, je l'ai
» toujours trouvé disposé à me rendre, à
» l'instant même, tous les petits services
» que je lui demandais. » Ainsi s'exprime
son dernier voisin de classe : son dernier
voisin d'étude ne tient pas un autre lan-
gage : « Jules, écrit-il, était doué d'un
» très-bon caractère. Il était *difficile à*
» *fâcher*. » L'expression est singulière ;
mais il faut l'avouer, cette *précieuse diffi-
culté* ne saurait être commune parmi les
enfants, surtout quand on parle des moments d'abandon, où le naturel se produit
avec spontanéité : la rareté de cette pos-
session de soi-même en fait ressortir le
mérite.

Affirmer ensuite que ses sentiments de fils et de frère n'avaient rien perdu, au collége, de leur force et de leur tendresse premières, ce ne serait pas assez dire : ils avaient acquis une expansion nouvelle ; sa famille l'éprouvait pendant les vacances. La passion des volontés étroites, faibles et malignes, l'envie, lui était absolument inconnue. Les joies, qu'il rêvait pour lui-même, lui apparaissaient toujours partagées avec ceux que la nature tenait rapprochés de lui. Il aimait accompagner ses frères, et c'était plaisir de voir leur union inaltérable. Cet esprit de famille n'avait pas échappé aux regards attentifs de ses camarades ; et l'un d'eux trace, à ce sujet, une ligne qui, à elle seule, renferme tout un éloge : « Il avait beaucoup de tendresse » pour ses parents, et quand il m'en parlait, » c'était toujours avec effusion de cœur. » Ce résultat n'a rien qui doive étonner :

l'éducation chrétienne n'a-t-elle pas pour mission de développer toutes les vertus ? Et, au premier rang des vertus ne faut-il pas compter l'amour de ses parents ?

Sa charité envers les pauvres avait pris un égal accroissement. « Durant les » dernières vacances qu'il passa dans sa » famille, écrit sa mère, on remarqua plu- » sieurs fois que lorsqu'on le chargeait de » remettre quelques sols à des malheureux, » il ne trouvait jamais qu'il y en eût assez ; » et il avait soin, sans en rien dire, d'y » ajouter tous ceux qu'il trouvait sur lui. »

Peu de jours avant sa mort, on était occupé à changer son linge ; et comme on paraissait lui faire grand mal, parce qu'il ne pouvait plus s'aider lui-même, on demanda des ciseaux pour couper sa chemise et l'enlever plus facilement : « De grâce ne la coupez » pas, dit-il, je veux qu'elle serve aux

« pauvres ; je vais tâcher de la tirer. » Effectivement il y parvint, et la jetant à terre, il ajouta : « Du moins, on pourra la donner à un malheureux. »

Heureuse et sainte habitude que celle de l'impôt volontaire, suavement prélevé par la charité sur les amusements du riche ! Si les inspirations du christianisme étaient pleinement acceptées, il ne serait pas besoin de penser à une autre *taxe des pauvres :* celle-ci pourrrait amplement suffire, et c'est la seule que Dieu ait en vue, pour l'avantage commun de ceux qui ne possèdent pas et de ceux qui possèdent. En donnant, cher Jules, vous cédiez à l'impulsion spontanée de votre cœur chrétien ; vous auriez jugé l'aumône suffisamment récompensée par la satisfaction pure qu'elle donne à l'âme bienfaisante ; mais cet argent que votre main charitable jetait à l'écart, dans le sein de l'indigence, vous l'avez échangé, au ciel, contre un centuple d'ineffables délices !

Toutefois, avant d'exposer ce couronnement de sa charité, il convient de montrer à quelle source elle puisait son ardeur: c'était au foyer même de l'amour infini, avec lequel Jules se mettait en intime et fréquent rapport par la Sainte Communion. C'est dans la participation à la vie du Dieu fait pauvre et souffrant pour nous, que s'enflamme la *compassion*, seule vraiment sentie et participant à la douleur. Depuis long-temps, ce cher enfant avait le bonheur de s'approcher fréquemment de la Sainte Table. « Sa piété était très-grande, écrit » un de ses condisciples : j'ai eu plusieurs » fois l'occasion de m'en convaincre ; il » n'avait aucun respect humain… » Le respect humain ! cette hypocrisie d'une volonté qui affecte des vices, dont elle est exempte, aurait toujours été inconnue à l'âme droite de Jules, aussi bien que cette autre hypocrisie qui affecte des vertus qui lui manquent... Donc, sans le moindre respect humain, « il communiait très-souvent. » D'autres témoins oculaires, précisant davantage, attestent l'avoir vu, depuis environ quinze mois, prendre part, d'ordinaire tous les huit jours, à ce banquet des Anges.

La foi vive avec laquelle il a toujours accompli cette grande action serait, elle seule, une suffisante garantie des fruits qu'elle n'a pu manquer de produire en son âme. Ses petits défauts diminuaient, sa vertu s'épurait, tout son être se prédisposait à recevoir la vie glorieuse de J.-C. dont il avait si souvent goûté, dans sa vie sacramentelle, les prémices et le gage précieux. C'est maintenant, surtout, que va éclater la solidité de sa vertu, et que, selon l'expression exacte d'une personne de sa famille, va paraître dans tout son jour « ce trésor de mérites resté jusque-» là presque enfoui. »

III.

DERNIÈRE MALADIE. — PIEUSE MORT.

Jules venait de commencer sa troisième année d'études au collége Saint-François-Xavier : il entrait dans son cours d'humanités, avec sa bonne volonté ordinaire, quand le Seigneur a déployé sur lui ses desseins, rigoureux en apparence, mais en réalité miséricordieux. C'est la réflexion d'une personne de sa famille : « Liant et » simple, comme il était, dit-elle, l'entrée » dans le monde n'aurait-elle pas offert à

» son cœur un terrible danger ? » Nous pourrions le penser, comme le juste, dont parle l'Esprit-Saint, il nous *a été enlevé, afin que la malice ne vînt point corrompre son intelligence, et la séduction pervertir son âme* (1).

Il est d'usage, chez les Pères Jésuites, qu'on réserve aux enfants, dès le commencement de l'année, quelques jours de recueillement pour vaquer à la grande affaire de leur salut. Ces âmes retrempées dans les vertus chrétiennes, rétablies ou affermies dans la paix avec Dieu, sont ensuite plus vigoureuses pour s'appliquer aux études, mieux disposées pour les faire fructifier, grâce à la bénédiction de celui qui s'appelle lui-même le *Maître des Sciences* (2). Jules voyait toujours de grand cœur venir le

(1) Sap. 4. 11-12.
(2) 1 Reg. 2. 3.

temps de ces exercices, qui le faisaient pénétrer de plus en plus dans un ordre d'idées et de sentiments qui lui était familier. Cette année, la retraite commença quelques jours avant la fête de Saint-Stanislas de Kostka, l'aimable modèle, le puissant protecteur de l'enfance. Qui l'aurait pu prévoir ? Jules allait mourir, précisément au même âge que ce jeune Saint.

Une indisposition, dont on ne put distinguer la cause ni l'occasion immédiate, se déclara chez lui le 11 novembre, avant-veille de la clôture de la retraite. Ses parents, informés aussitôt de son état, vinrent le voir à l'infirmerie, le dimanche 13 novembre. Ils le trouvèrent au lit avec la fièvre, et se plaignant d'un violent mal de tête. Du reste, il était calme et paraissait content. Il avait communié, le matin même, et la présence du Sauveur l'avait intimement consolé.

Cependant il avait laissé échapper un mot, qui semblait indiquer chez lui des pressentiments opposés à une prochaine guérison : « J'ai terminé ma retraite ce matin, dit-il ; me voilà bien préparé pour aller au cimetière. » Ses parents, à leur retour, s'entretenaient de ce mot qui les avait frappés. Nous verrons cette perspective, sombre pour d'autres, mais riante pour notre malade, se présenter plusieurs fois encore, et avec plus de précision, à sa pensée, je dirais presque à ses désirs.

1. Amélioration qui ne se soutient pas. — Aspirations ferventes. — Paix de l'âme. — Charité. — Pressentiments singuliers.

Le médecin du collége, (1) prévoyant une maladie grave, conseilla de remettre

(1) M. La Gillardaie.

ce jeune élève à sa famille, au sein de laquelle il pouvait encore être transporté sans inconvénient. Cet avis fut exécuté, le mardi 15 novembre. Dans la maison paternelle, écrit le médecin de la famille [1], « les symptômes qui s'étaient manifestés au
» collége, continuèrent... Peu de fièvre,
» légère prostration des forces, sommeil
» entrecoupé de rêvasseries, vomisse-
» ments continuels, surtout lorsque le ma-
» lade se donnait quelques mouvements...
» Pendant quinze à dix-huit jours, la ma-
» ladie eut une marche ascendante; puis
» elle commença à décroître.... Il y eut
» alors une amélioration assez notable pour
» que le médecin, tout en déclarant que le
» malade n'était pas encore en convales-
» cence, annonçât que tout semblait de-
» voir présager cet instant désiré. La
» fièvre avait disparu, » les autres symp-

(1) M. Mauricet.

tômes les plus alarmants diminuaient, « un
» peu d'exaltation morale ; mais les idées
» étaient parfaitement nettes et il les ex-
» primait avec facilité. »

On observa que le moment le plus sensible de cette amélioration coïncida avec
la fin d'une neuvaine, qui fut faite en l'honneur de Saint-François-Xavier, immédia-
tement avant la fête de cet apôtre des
Indes. Tous les condisciples du cher malade y prirent part ainsi que ses maîtres.
Il désira lui-même se joindre aux prières
qu'on adressait au ciel pour sa guérison :
il se fit tous les jours réciter les litanies du
grand Saint qu'on invoquait. Le premier,
ainsi que le dernier jour de ces prières, il
eut le bonheur de communier, et il accomplit cette grande action avec une ferveur singulière.

En ce temps, il exprima plusieurs fois
l'espérance de son rétablissement. Mais l'on

trouva, d'un autre côté, fort étonnantes plusieurs paroles qu'il prononça sur la mort. Il est incontestable que cette lueur d'espérance sembla, par intervalles, l'attrister autant qu'elle réjouissait ses amis. Les Pères du collége qui le visitaient souvent, l'entendirent plusieurs fois exprimer à ce sujet des sentiments dignes d'être recueillis.

Un jour son professeur, trouvant sa situation améliorée, avait exprimé du contentement. La mère était remplie d'espérance : « Bientôt, disait-elle, Jules retournera en classe : la maladie n'offre plus rien d'inquiétant. — « Ce que le bon Dieu voudra, n'est-ce pas, Jules ? » dit alors le Père professeur. — « Oh ! oui, mon Père, répliqua le malade ; oui, cela vaut bien mieux. » Et ce mot fut prononcé avec un visage dont la sérénité épanouie exprimait la conformité de son âme avec la divine volonté.

La réponse qu'il fit à un autre Père est encore plus digne d'être mentionnée. Celui-ci le félicitait vivement du mieux qu'il éprouvait. Ce ne fut pas sans admiration qu'il l'entendit répondre : « Je ne sais, » mon Père, si je dois m'en réjouir. J'étais » si bien préparé qu'il eût été plus avan- » tageux pour moi de mourir. » Puis il ajouta, après quelques moments de silence : « J'aurais peut-être passé par les flammes » du Purgatoire ; mais cela n'eût pas été » long. Plus tard, serai-je aussi bien dis- » posé ! » Sa mère qu'il aimait tendrement, était là : cette manière surnaturelle d'envisager les choses, lui semblait si évidemment la seule vraie, qu'il ne croyait pas la contrister en l'exprimant. La divine Bonté va exaucer ces désirs si sages, et, au lieu de la santé corporelle, qu'on a tant demandée pour lui, elle va lui donner l'impérissable vie. Mais auparavant, sa couronne doit

encore beaucoup s'enrichir par la souffrance.

Vers le 14 décembre, dit le médecin,
« les vomissements reparurent avec une
» nouvelle fréquence et s'accompagnèrent
» d'évacuations, dont le malade se félicita,
» disant qu'il en avait obtenu un grand
» bien-être. » Hélas ! c'était une apparence
trompeuse. « Une hémorrhagie intestinale
» venait de se déclarer.... A dater de ce
» jour, ce ne fut plus qu'une lutte inégale
» entre une médication active et la ma-
» ladie... Un demi-délire s'était emparé
» du malade, et ne cessait que quand des
» impressions extérieures fortes venaient
» l'en retirer. » Mais on a tout lieu de
penser que cet état lui laissait assez de
connaissance pour produire encore des
actes méritoires et agréables à Dieu.

Il exprimait alors avec feu l'objet ha-
bituel de ses plus profondes affections. Son

demi-délire ne roula jamais que sur des sujets pieux : c'étaient des pélerinages à la Terre - Sainte, au tombeau des Saints Apôtres, à Notre-Dame de la Salette. Il n'oubliait pas sainte Anne. On l'entendit plusieurs fois l'invoquer avec ferveur et rappeler à cette puissante Patronne de l'Armorique son titre de *Breton*. Il insistait avec énergie sur ce dernier mot ; car, après Dieu, sa famille et la France, rien ne devançait dans son estime sa chère Bretagne.

Le caractère religieux de son exaltation fébrile présentait des circonstances si frappantes, qu'il faisait impression sur des personnes mêmes qu'une longue habitude a dû familiariser avec ces sortes de phénomènes : « Dans les moments, dit le mé- » decin, dans les moments où il éprouva » cette exaltation, sans délire, que j'ai » signalée plus haut, il ne s'occupait que

» de pélerinages ou d'autres pratiques
» pieuses : dans son délire même , toutes
» ses pensées portaient le caractère d'une
» dévotion aussi vive qu'affectueuse. »

Un autre indice des plus consolants,
c'est la sécurité de sa conscience qui se
manifestait alors avec une rare plénitude :
comme on lui demandait s'il désirait voir
son confesseur : « Oh ! répondit-il , je
» verrai toujours ce Père avec plaisir ;
» mais je ne me sens rien sur le cœur. »
Cette parole était dite avec une spontanéité simple et ferme qui fit impression sur
ceux qui l'entendirent. Il parlait du ciel
comme d'un séjour où il était assuré d'entrer bientôt. Le frère infirmier du collége,
qui se montrait heureux de prodiguer ses
soins au cher malade, reçut de lui plusieurs fois la promesse spontanée qu'il ne
l'oublierait pas auprès de Dieu.... Il dit la
même parole à une garde-malade depuis long-

temps attachée à son service et à quelques-
uns de ses visiteurs. Il parlait de ce pro-
chain bonheur comme d'un objet sur lequel
son esprit ne pouvait concevoir le moindre
doute.

Cette bonté d'âme, cette charité, toujours remarquable en lui, semblait devenir
de plus en plus vive à mesure qu'il s'approchait plus près du foyer de l'amour
infini. Ce caractère de sa piété était de
nature à frapper vivement, même les
hommes du monde : « Pendant le cours
» d'une longue pratique, écrit le médecin
» déjà plusieurs fois cité, j'ai vu peu de
» malades réunir autant de mansuétude,
» de calme et de piété. Toute personne
» qui s'approchait de son lit, était accueillie
» par un sourire et par une parole gra-
» cieuse. Mais c'était surtout pour ses
» maîtres, sa sœur, ses frères, ses pa-
» rents et pour une domestique qui avait

» soigné son enfance , qu'il était prodigue
» de caresses et des témoignages de son
» affection. »

C'est sans doute , grâce aux inspirations
et aux prières de son cœur charitable,
qu'il put annoncer, plusieurs jours d'avance,
le succès d'une affaire qui touchait aux
affections les plus intimes de sa famille.
Plusieurs tentatives faites pour y réussir
avaient échoué ; le désir commun de ses
parents semblait s'évanouir. Au moment
où il prédit ce résultat, on prit ses paroles
pour des chimères , tant la chose paraissait
alors improbable , pour ne pas dire impossible. Mais l'avant-veille de sa mort, le
rêve s'est accompli ; les difficultés, jusqu'alors insurmontables , se sont aplanies
comme par enchantement. Cet ange, avant
de s'envoler , semble avoir voulu, en
procurant à ses parents bien-aimés cette
consolation , leur ménager une compensa-

tion au vide qu'il allait laisser parmi eux.

Ce serait ici le lieu de raconter plusieurs prévisions ou pressentiments du cher malade, qui, sans être marqués d'une empreinte clairement surnaturelle, ni dignes d'une grande considération, méritent d'être signalés au moins pour leur singularité. Un jour, il s'était vu reposant contre le mur de la chapelle du château..... Or, c'est en ce lieu même qu'on a construit depuis un caveau funèbre ; et les restes mortels de Jules y ont été déposés. Comment a-t-il pu pressentir cette particularité ?

Toutes ces préoccupations, même celles qui semblaient d'abord devoir être peu élevées, finissaient par le perdre dans la contemplation anticipée des joies célestes :
« Il avait, nous écrit sa mère, témoigné le
» désir de faire faire un gâteau qu'il devait
» manger avec ses frères le jour des Rois.

» S'étant trouvé plus malade , il témoigna
» le regret qu'il éprouvait d'être privé de ce
» régal. Puis il reprit : Si je meurs, j'irai
» manger mon gâteau devant le Roi des
» Rois ; et là ce sera un gâteau qui ne finira
» jamais. »

2. Signes consolants de prédestination , notamment, sa dévotion à Marie plus vive que jamais.

Autant qu'un simple observateur peut
se former des convictions sur l'état d'une
âme juste , objet dont la décision est ré-
servée à la Sainte Église , nous sommes
persuadé que la ferme confiance de Jules
n'a pas été trompée. Nous ne voyons pas,
en effet, comment nous pourrions douter
de la conservation de son innocence bap-
tismale. L'observation continuelle et atten-

tive des maîtres, des condisciples, des parents a bien pu découvrir en lui quelques défauts ; elle n'a jamais pu y distinguer des vices : il y eut dans sa vie quelques taches, des souillures jamais. Où trouver dans cette existence place pour un soupçon injurieux ? Et ce coloris de simplicité tout enfantine ; et cette légèreté même tout empreinte de naïveté, pense-t-on qu'ils soient un témoignage trompeur ?

Que si, contre toute probabilité, une offense grave de Dieu avait jamais terni ce cœur, le bain salutaire de la réconciliation et tant d'œuvres saintes accomplies l'auraient sans doute mille fois purifié et rétabli dans sa candeur première. On ne pourrait donc, sans faire violence à son bon sens, le supposer un instant hors du nombre des Élus. Qu'on nous permette d'insister sur un signe de prédestination brillant chez lui d'un éclat particulier.

C'est, on ne l'ignore pas, un sentiment universel, chez les plus graves docteurs de l'Église, qu'un fidèle serviteur de Marie ne périra jamais. Saint Alphonse de Liguori, notamment, expose bien des fois, dans ses œuvres cette proposition et la prouve. Or, cette dévotion présenta, chez Jules, tous les caractères imaginables de ferveur, de continuité, d'universalité.

Ce point très-saillant n'avait pas échappé au regard attentif de ses condisciples : « Il » avait, écrit l'un d'eux, un grand amour » pour la Sainte Vierge : il en disait quel-» quefois un petit mot même à l'étude, » comme pour animer et sanctifier le travail. Dévouement à Marie ! Telle aurait pu être la devise de sa vie. Au tableau que nous avons déjà tracé de cette dévotion favorite de Jules, ajoutons quelques traits em-pruntés surtout à ses derniers jours.

Tout ce qui touchait à la gloire de la

bonne Mère l'intéressait vivement. L'image représentant son apparition sur une montagne du Dauphiné, la médaille frappée, il y a vingt-trois ans, en l'honneur de son Immaculée Conception et si merveilleusement répandue dans le monde entier, l'Archi-Confrérie de son Cœur Immaculé pour la conversion des pécheurs, plus récemment établie à Paris, tous les traits particuliers que l'on racontait de sa protection, captivaient son attention au plus haut degré. Il aimait avoir sous ses yeux, tant qu'ils furent ouverts, la représentation de quelques-unes de ces faveurs.

Il n'avait pas négligé de s'attacher à Marie par un lien peu important en apparence, mais au fond très-précieux, je veux dire, *ce petit habit de Notre-Dame du Carmel*, que les serviteurs de la Mère de Dieu portent comme une glorieuse livrée et une décoration reçue de la main de leur céleste Souveraine, comme une protestation perpétuelle de leur fidélité, en même temps qu'un gage assuré de sa protection. Il connaissait la révélation faite par Marie elle-même au B. Simon Stock, qui fut le premier propagateur de cette dévotion, et dans laquelle on distingue ces mots si graves : « Celui qui mourra couvert de cet habit n'aura jamais à subir les flammes de l'enfer. » Il savait bien que ce n'est point là un article de foi ; mais il savait aussi qu'après les vérités, dont la révélation nous est garantie par la Sainte-Écriture et la Tradition, il n'y a au monde rien de plus respectable que cette promesse merveilleuse. Il savait que les personnages les plus saints et les plus savants, de grands rois et de grands papes, parmi lesquels on remarque Benoit XIV, ont admis cette révélation et pratiqué la dévotion qu'elle recommande. Aussi se gardait-il bien de se séparer jamais de son scapulaire, afin que ce signe parlât toujours à la *bonne Mère* de son amour : il l'emportera dans son tombeau.

Combien d'autres preuves de cet amour filial ! Sur son lit de mort on l'entendit souvent réciter *l'Ave Maris Stella ;* et, tant que ses forces le permirent, il chantait cette hymne touchante. — Soulagement et souffrance ramenaient également sa pensée et son cœur vers Marie : se trouvait-il mieux, c'est à elle qu'il l'attribuait ; son mal paraissait-il empirer, c'est par elle qu'il se résignait. — « Jules, écrit un de ses » maîtres, parlait à la Sainte Vierge comme » à sa mère, lui racontait ses peines, ses » inquiétudes, lui demandait à manger » quand il souffrait trop de la diète ; en » un mot, il se conduisait à son égard » comme un enfant. » — Dans les jours même où l'exaltation de la fièvre était au comble, ses lèvres répétaient souvent encore cet aimable nom. On était même sûr, généralement, d'obtenir de lui quelque attention et de le tirer un instant de son délire, en lui parlant de la *bonne Mère*.

L'expression de cette dévotion prenait quelquefois un accent extraordinaire. Un de ses pieux visiteurs, dans le dessein de lui suggérer une bonne pensée, lui ayant adressé cette question : Aimez-vous Jésus ? Oui, je l'aime, répondit-il. Aimez-vous Marie ? — Oh ! oui, je l'aime ! Il prononça ce dernier mot avec un accent extrêmement animé. Un de ses frères, témoin de cet enthousiasme, craignit alors l'imminence d'une de ces crises convulsives, qu'il eut plusieurs fois à subir, les derniers jours de sa vie. Mais cette véhémence de ton ne fit, heureusement, qu'exprimer l'ardeur de ses sentiments. Toutefois, en lui parlant désormais de Marie, on dut prendre des précautions pour ne pas lui occasionner des secousses trop vives.

L'avant-veille de sa mort eut lieu sa consécration à Marie comme Congréganiste. Nous avons vu avec quelle ardeur il avait désiré cette grâce. Ici, nous devons laisser la parole à sa mère, digne confidente des pieuses aspirations de son fils. Au temps où la maladie laissait encore de l'espérance, il lui disait un jour : « Tu sais,
» maman, combien j'ai le travail difficile :
» je ne suis pas heureux dans mes com-
» positions, et cela retarde mon admission.
» J'éprouve un chagrin mortel, lorsque
» je vois mes camarades reçus, quand moi
» Breton, je ne le suis pas ! Oh ! combien
» cela me fait de mal ! En attendant que
» l'on me juge digne d'être admis, je récite
» le jeudi et le dimanche le petit office de
» la Sainte Vierge comme les Congréga-

» nistes. Sa mère voyant sa peine s'efforça
» de le consoler : « Sois tranquille, mon
» cher enfant, lui dit-elle, la Sainte Vierge
» te saura gré de ton ardent désir, et tu
» peux compter, qu'après cette maladie,
» tu vas te trouver mieux dispos dans
» toutes tes facultés : le travail te sera plus
» facile, tu feras mieux tes compositions,
» et alors tu seras Congréganiste. — Tu
» crois, maman ? — Je puis te l'assurer.
» Il parut enchanté de cette affirmation. »

Cependant son état empirant, son désir d'être Congréganiste semblait croître dans la même mesure. Il revint sur cet objet, si souvent et avec une telle instance, que la famille crut devoir en parler au R. P. Pillon, recteur du collége. Ce vœu si touchant du cher moribond ne pouvait pas être refusé. Plus d'une fois des supérieurs religieux ont accordé l'habit de leur ordre à des mourants, qui n'y appor-

taient d'autre préparation qu'une péni-
tence tardive. Ici, c'était l'innocence réité-
rant encore une fois la demande souvent
exprimée d'une simple affiliation à la Con-
frérie de la Vierge-Mère, toujours immaculée. Dans une de ces visites, le 20 décembre au soir, le Révérend Père annonça
au malade, qui venait de lui redire son
désir, que ses vœux allaient enfin être
exaucés. Jules tendit les bras avec empres-
sement pour l'embrasser et lui exprimer
sa vive reconnaissance. La pieuse cérémonie se fit en présence de toute la famille. Ce fut comme une céleste alliance,
que la Reine des Anges, sans nul doute,
aura bien voulu ratifier. Jules prononça de
grand cœur la formule de consécration;
et un de ses frères, sur sa demande, sup-
pléant à sa faiblesse, y apposa sa signature...
Le R. P. Pillon fut tellement édifié de ce
pieux spectacle et des sentiments qu'il

avait vus se produire, que, rentré au collége, il se hâta d'en raconter les détails à celle des divisions du pensionnat dont Jules faisait partie. Ses condisciples parūrent sensiblement touchés.

Dans toute la soirée, l'enfant de Marie continuait à exprimer son bonheur. Il remerciait avec effusion un de ses frères et tous ceux qu'il croyait y avoir contribué. Se rappelant en ce moment l'assurance que sa mèrelui avait donnée de sa future admission, « il se souleva avec peine de son oreiller, » et tendant les bras à sa mère qui était » alors près de lui, il lui dit en l'em- » brassant : « Oh! ma chère maman, » combien je te remercie! c'est à toi que » je dois le bonheur dont je suis inondé : » tu me le disais bien, que je serais Con- » gréganiste. Sa mère lui répondit qu'elle » n'était pour rien dans ce qui venait d'ar- » river, que la Sainte Vierge seule lui

» avait accordé cette faveur, et récompensé
» ses ardents désirs. »

Jusqu'au dernier moment sa tendresse pour Marie fut visible. Il ne consentit jamais à se séparer de son diplôme de Congréganiste ni de plusieurs images de la Sainte Vierge qu'il avait eues à son usage. Il en voulait toujours repaître ses regards. Pour causer à ses douleurs un instant de salutaire diversion, ses frères n'avaient pas de meilleur moyen que d'attirer ses yeux sur un de ces objets.

Le 21, veille de sa mort, dans l'après-midi, ne pouvant déjà presque plus parler, il pria un de ses frères de lui relire encore sa consécration. On le fit, et il s'y joignit avec une sensible affection. Il voulut de plus qu'on lui récitât les litanies de la Sainte Vierge, auxquelles il ne put pas répondre en entier; mais son cœur et le mouvement de ses lèvres en accompa-

gnèrent la récitation. Quelques heures
après, faisant un dernier effort, il prit lui-
même son crucifix qu'il embrassa, ainsi
que son image de Congrégation. Son frère
lui ayant dit encore une fois : « Regarde la
« Sainte Vierge, mon cher Jules ! » Il
répondit : « Je ne la vois plus, mais demain
» je la verrai. »

Dès ce moment ses yeux se voilèrent :
il parut perdre la vue. Sa bouche resta
muette ; mais on put distinguer, parmi les
signes non équivoques de connaissance
qu'il donna encore, des actes d'amour
envers Marie. Aussi la pieuse garde-malade, sa bonne d'enfance, qui ne le quittait
pas, avait-elle compris cet amour, et de-
viné les désirs du mourant. Durant cette
universelle prostration des forces si voi-
sine de l'agonie, humectant ses lèvres
environ toutes les dix minutes, elle avait
soin d'en approcher ensuite son diplôme

de Congréganiste, et d'agiter avec quelque bruit son chapelet à ses oreilles, pour lui rappeler encore l'objet des affections de toute sa vie.

3. Autres indices consolants : amour de la prière ; confiance filiale ; secours dont il est entouré ; dévotion au Saint Sacrement.

N'est-il pas incontestable, après tant de faits, que la dévotion à Marie étant un signe de prédestination, nous pouvons être pleinement rassuré sur l'éternel avenir de notre Jules ? Quelle garantie consolante ne trouvons-nous pas encore dans son goût constant pour la prière et les choses de Dieu ? « Il est remarquable, dit un témoin » oculaire, que, pendant toute sa maladie, » il n'ait jamais omis de demander qu'on

» lui fit dire ses prières. Même au temps
» de son délire, on fut fidèle à ce désir ;
» et il est singulier qu'il répondait alors
» avec une exactitude parfaite et sans
» jamais se tromper. » La veille de sa mort,
ne pouvant pour ainsi dire plus parler, il
appela sa mère, et lui dit avec l'accent du
regret : « Maman, je ne puis plus prier. »
Mais son cœur continua à prier encore.
N'est-il pas à présumer qu'une telle fidélité
aura obtenu la persévérance finale, cette
grâce qu'on ne peut pas, il est vrai, mé-
riter rigoureusement, mais que Dieu ne
refuse jamais à la prière ?

Parmi tant de visiteurs pieux, il n'y en
avait pas qui manquât de dire au malade
un petit mot spirituel ; de sorte que sa
conversation était nécessairement tournée,
sans presque aucune interruption, vers
des objets religieux. Avec bien des personnes, d'ailleurs pieuses, on devait crain-

dre que l'ennui ne vînt à naître de ces redites. En parlant à Jules, on n'eut jamais à prévenir de pareils dégoûts. Il écoutait, il provoquait même, avec un plaisir toujours nouveau, tout ce qu'on voulait bien lui dire du bon Dieu... C'est qu'il l'aimait ! Or, pourrait-on soupçonner la Bonté divine d'avoir trompé cette affection, cette absolue confiance d'enfant ?

La piété de ses proches, que sa famille nous permette de le dire, la piété de ses proches vint encore ajouter une assurance de plus à son salut. On y put admirer un modèle du véritable amour, à l'égard des personnes qui nous touchent de près. Tout en prodiguant à sa vie passagère leurs soins empressés, les parents de Jules avaient le bonheur de comprendre que l'attention à entourer son âme de toutes les garanties possibles de salut, serait le plus solide témoignage d'affection. Aussi, aucune précaution ne fut-elle négligée : ceux de ses frères, qui pouvaient assez dominer leur sensibilité, pour se tenir dans la chambre du malade, ne le quittaient jamais ; ils ne cessaient de prier pour lui avec un des prêtres qui se succédaient auprès de son lit. Ceux qui n'avaient pas cette force, s'en allaient prier à l'écart, et témoignaient de la manière la plus expansive leur reconnaissance aux amis qui rendaient quelque bon office à l'âme de leur frère bien-aimé. Que de supplications, que d'invocations ardentes ils firent, en sa faveur, monter vers le ciel ! Cette manière de prouver son affection aux mourants, ne vaut-elle pas mieux que des gémissements et des larmes, qui résulteraient uniquement de la sensibilité ?

Le jour même où il fit sa consécration, Jules avait reçu le Sacrement de l'Extrême-Onction. Ce fut « avec pleine connaissance, » dit un témoin oculaire. Il se joignit avec une visible ferveur aux prières de chacune des onctions saintes. Il avait reçu le Saint Viatique, le jour même de Saint-François-Xavier, 3 décembre. Il exprima le désir de communier encore, cinq jours après, 8 décembre, fête de l'Immaculée Conception de Marie. Mais on ne put lui permettre, après un si court intervalle, une seconde communion, en Viatique. Au moment même où il recevait le sacrement des mourants, il témoigna encore combien il lui serait doux de recevoir une dernière visite de son divin Sauveur. Mais, sur l'avis du médecin, on ne crut pouvoir convenablement lui accorder cette consolation. S'il est vrai, comme on n'en peut douter, que la communion de désir en certains cas, supplée à la communion réelle devenue impossible, nous pouvons bien penser que notre cher moribond reçut tous les fruits de plusieurs communions après lesquelles il soupira si ardemment.

C'est à sa dévotion pour la divine Eucharistie, qu'il avait dû, dix-neuf jours auparavant, la grâce de communier en viatique : grâce dont l'auraient privé plus tard les circonstances qu'on vient d'indiquer. Le médecin, qui l'avait jugé le 2 décembre assez dangereusement malade pour être admis à communier de cette manière, le revoyant le lendemain, parut disposé à retirer son jugement de la veille. On allait changer la détermination prise : « Je dois » faire la Sainte Communion, dit le malade: » on me l'a promis; j'y ai droit; je le dé- » sire. » Il communia en effet, et ce fut avec une piété exemplaire. On se trouva très-heureux, ensuite, d'avoir cédé aux instances de sa dévotion. Sans cette pré-voyance de son cœur, il aurait probable-ment quitté la vie, sans avoir reçu ces secours particuliers , qu'apporte le divin Sauveur à l'âme qu'il visite en *Viatique ,* c'est-à-dire, en vue expresse du redoutable passage de cet exil à l'éternelle patrie.

Nous pourrions ici, pour faire mieux connaître ses sentiments à l'égard de la divine Eucharistie , fortifier de plusieurs traits ceux que nous avons déjà cités. Nous nous contenterons de dire un mot transmis par un de ses condisciples. « Un jour qu'il » devait communier, il me disait d'un ton » pénétré, à l'étude qui précédait la messe : » Ah! il me faut être bien sage : je vais » communier ce matin! » Ce mot, dans sa simplicité , ne respire-t-il pas toute la candeur, toute la délicatesse d'un enfant à qui il tarde de converser cœur à cœur avec son père ?

4. Dernières circonstances. — Honneurs rendus à ses restes mortels. — Conclusion.

Le moment approchait toujours où le cher enfant jouirait sans nuage de la présence du céleste Ami. Depuis la soirée du 21, où il avait perdu la parole, le mouvement de ses lèvres, nous l'avons dit, exprimait encore la part qu'il prenait aux pieux sentiments qui lui étaient suggérés. Mais ce mouvement allait toujours s'affaiblissant.

Vers quatre heures du soir, le 22, sa mère vint déposer sur son front le dernier baiser maternel. Elle accomplit ce devoir sans démonstration extérieure de sensibilité. C'était, dans sa pensée, on le voyait, un simple *à revoir*. Par ce calme généreux, elle prévenait dans le mourant une secousse inutile. Puis, faut-il que chrétiens, *étrangers en ce monde, nous pleurions nos morts comme ceux qui n'ont pas d'espérance* (¹) ? Mais, si puissantes que soient ces pensées, elles sont loin de diminuer l'insigne mérite d'une tendresse bien connue et assez forte, malgré sa vivacité, pour se posséder elle-même.

Vers quatre heures et demie, un des Pères lui fit gagner les différentes indulgences plénières auxquelles, outre celle qui est applicable à tout chrétien dans ce moment suprême, il avait droit comme possédant plusieurs objets enrichis des indulgences apostoliques, comme revêtu du Scapulaire de Notre-Dame, et enfin comme membre d'une congrégation de la Sainte Vierge. Au moment où il allait recevoir

(1) 1 Thess. 4. 12.

une dernière fois l'absolution, à l'invitation qui lui fut faite de réitérer en son cœur l'acte général de Contrition des fautes de sa vie, il répondit affirmativement par un effort de ses lèvres bien visible; et lorsqu'on l'engagea à prononcer de cœur le saint nom de Jésus, un *oui* manifestement commencé sembla s'échapper de sa bouche entr'ouverte.

Vers six heures et demie commença l'agonie : on ne cessait de prier autour de lui. Les litanies des agonisants, auxquelles il s'était joint précédemment avec pleine connaissance, furent plusieurs fois répétées; et il n'est pas sans probabilité que son cœur les suivait encore. On approchait de temps en temps le crucifix de ses lèvres. C'est dans ce doux embrassement que, vers onze heures du soir, après quarante-trois jours de maladie, il rendit doucement son dernier soupir.

Son âme, en s'envolant, laissa peinte sur ses traits une expression frappante de paix et de sérénité. Loin de se sentir repoussées par cette figure inanimée, plusieurs personnes, des prêtres même, eurent la dévotion de l'embrasser : tant on était persuadé que nous le reverrions un jour brillant d'un éclat immortel. Le médecin lui-même, revenant contre l'usage ordinaire visiter son malade mort, ne put s'empêcher de faire remarquer cette sérénité singulière qui respirait encore sur son visage.

Ce fut l'impression commune. La famille du cher défunt laissa son corps exposé à découvert dans une chapelle ardente jusqu'au soir du 25, dimanche et jour de Noël. Un grand nombre de pieux visiteurs vinrent prier auprès de ces restes précieux. Parmi eux on distingua la Congrégation du collége Saint-François-Xavier : ces pieux enfants voulurent, par leur visite, témoigner combien les avaient touchés l'affection surnaturelle et les persévérants désirs de ce frère qui, arrivé dans leurs rangs à la onzième heure, venait, comblé de mérites, de les devancer auprès de leur commune Mère. L'affluence continua, les jours suivants, après qu'on eut renfermé son corps dans un double cercueil de chêne et de plomb. La Messe et la cérémonie de la sépulture eurent lieu le mardi, fête de Saint-Jean l'évangéliste. La présence des familles les plus honorables du pays, de toutes les communautés, d'un clergé nombreux, accourus malgré un temps des plus rigoureux, attesta les sympathies universelles de la population pour le jeune défunt et pour ses parents. Le concours des pauvres et des orphelins faisait l'éloge de leur charité.

Le collége Saint-François-Xavier y parut en corps; et tous les élèves se montrèrent empressés à donner ce témoignage d'affection à la mémoire de ce condisciple bien-aimé. Une députation accompagna de nouveau le corps, de l'église Saint-Patern jusqu'au château de Limoges, où il fut déposé dans la chappelle, en attendant qu'on pût le descendre dans le caveau de la famille. Durant cette pieuse cérémonie, il y eut des personnes, je le sais, qui, tout en priant Dieu pour le cher défunt, se sentirent, en même temps, portées à l'invoquer pour elles-mêmes.

S'il fallait chercher une épitaphe pour son cercueil, je proposerais d'y inscrire: *Ici repose un enfant de Marie.* Ce mot exprimerait l'affection dominante de sa vie. Il suffirait, lui seul, pour nous faire penser que, présenté par la Reine des Anges, il est allé vite, comme il en avait l'invincible confiance, se joindre aux chœurs célestes. Dans les fêtes de Noël, voisines du jour où il a quitté la vie mortelle, il aura, on peut le présumer, chanté avec les bienheureux Esprits le *Gloria in excelsis.*

Au ciel nous attend un *Ange de plus!*

2555. — Nantes, Imp. Charpentier, rue de la Fosse, 32.